NOVO ENSINO MÉDIO de Bolso

A BNCC e a Nova Lei

Luís Carlos de Menezes

© Arco 43 Editora LTDA. 2020
Todos os direitos reservados
Texto © Luís Carlos de Menezes

Presidente: Aurea Regina Costa
Diretor Geral: Vicente Tortamano Avanso
Diretor Administrativo Financeiro: Mário Mafra
Diretor Comercial: Bernardo Musumeci
Diretor Editorial: Felipe Poletti
Gerente de Marketing
e Inteligência de Mercado: Helena Poças Leitão
Gerente de PCP
e Logística: Nemezio Genova Filho
Supervisor de CPE: Roseli Said
Coordenador de Marketing: Léo Harrison
Analista de Marketing: Rodrigo Grola

Realização

Direção Editorial: Helena Poças Leitão
Texto: Maria Cristina Furtado
Revisão: Rhamyra Toledo
Direção de Arte: Rodrigo Grola
Projeto Gráfico e Diagramação: Rodrigo Grola
Coordenação Editorial: Léo Harrison

```
Dados Internacionais de Catalogação na Publicação (CIP)
       (Câmara Brasileira do Livro, SP, Brasil)

   Menezes, Luís Carlos de
      Novo ensino médio de bolso : a BNCC e a nova Lei /
   Luís Carlos de Menezes. -- 1. ed. -- São Paulo :
   ARCO 43 Editora, 2020.

      Bibliografia
      ISBN 978-65-86987-26-3

      1. BNCC - Base Nacional Comum Curricular 2. Base
   Nacional Curricular do ensino médio 3. Educação -
   Leis e legislação 4. Professores - Formação
   I. Título.

   20-36017                                  CDD-373.07
```

Índices para catálogo sistemático:

1. Ensino médio : Base Nacional Comum Curricular :
   Educação 373.07

Maria Alice Ferreira - Bibliotecária - CRB-8/7964

1ª edição / 2ª impressão, 2022
Impressão: Gráfica AR Fernandez

Rua Conselheiro Nébias, 887 – Sobreloja
São Paulo, SP – CEP: 01203-001
Fone: +55 11 3226 -0211
www.editoradobrasil.com.br

NOVO ENSINO MÉDIO de Bolso

A BNCC e a Nova Lei

Luís Carlos de Menezes

Luís Carlos de Menezes

Prof. Sênior do Instituto de Física da Universidade de São Paulo, Coordenador da Cátedra de Educação Básica do Instituto de Estudos Avançados (IEA-USP) e membro do Conselho Estadual de Educação no Estado de São Paulo.

Este livro é dedicado a quem educa, estuda e se reinventa,
em seu mundo abalado por uma pandemia.

Sumário

1 Introdução Geral ao Novo Ensino Médio..................................11

    1.1 Antecedentes Legais e Novas Orientações 11

    1.2 Impacto Educacional de Transformações Mundiais 14

    1.3 Implementação do Novo Ensino Médio por Sistemas e Escolas 16

    1.4 Competências da Base Nacional Comum Curricular e o Ensino Médio 19

2 BNCC e Áreas de Conhecimento no Ensino Médio....................23

    2.1 A BNCC na Nova Organização do Ensino Médio 23

    2.2 A Área de Linguagens na BNCC do Ensino Médio 27

    2.3 A Área de Matemática na BNCC do Ensino Médio 31

    2.4 A Área de Ciências da Natureza na BNCC do Ensino Médio 34

    2.5 A Área de Ciências Humanas e Sociais Aplicadas
na BNCC do Ensino Médio 36

3 Itinerários Formativos no Ensino Médio...................................39

    3.1 O Tempo da Formação Geral e dos Itinerários 40

    3.2 A Concepção dos Itinerários com os Eixos Estruturantes 42

    3.3 Projeto de Vida e Definição de Eletivas ou de Estágios 47

    3.4 Aprendizagem na Ação e Avaliação em Processo 49

4 Observações Finais para Escolas e Educadores 53

1 Introdução Geral ao Novo Ensino Médio

Preparar jovens para a vida social e produtiva é sempre o desafio de lhes apresentar oportunidades, promover valores e desenvolver habilidades ao mesmo tempo que se respeitam suas potencialidades, inclinações e condições pessoais; assim, eles poderão se realizar na sociedade de que são parte. Essa questão é hoje especialmente marcada pelas incertezas presentes em contextos de rápida transformação nas relações sociais e no mundo do trabalho, potencializadas por tecnologias em vertiginosa transformação. A seguir se verá de que modo as orientações educacionais em nosso país buscam responder a esse desafio.

1.1 Antecedentes Legais e Novas Orientações

Em qualquer sociedade, a educação de crianças e jovens não se resume apenas a leis e documentos oficiais, pois se realiza de fato nos espaços de convívio social, em famílias e em escolas, ao se desenvolverem linguagens, convicções, valores humanos, conhecimentos, visões de mundo e habilidades. No entanto, é por meio de leis e documentos que uma nação apresenta o que espera quanto à formação de sua cidadania, orientando especialmente o que deve ser realizado nas escolas de Educação Básica. Em democracias, essa orientação resulta de um longo processo social e político em que se definem direitos e deveres, inclusive aqueles relativos à educação. É a partir dessa compreensão que será discutido a seguir quais pressupostos baseiam a nova proposta de orientação curricular para o Ensino Médio, etapa conclusiva da Educação Básica no Brasil.

Uma Base Nacional Comum Curricular (BNCC), mesmo muito antes de ser assim denominada, está sinalizada desde a Constituição Nacional de 1988[1], tendo sido explicitada pela Lei de Diretrizes e Bases da Educação Nacional – LDB, Constituição Nacional de 1988[2] e precedida por propostas como as dos Parâmetros Curriculares Nacionais – PCN[3]. A BNCC para o Ensino Médio foi promulgada em dezembro de 2018, cerca de um ano depois da BNCC para etapas anteriores, após a LDB ter sido alterada por Lei Complementar[4], que reestruturou significativamente o Ensino Médio.

---

1 **Constituição Nacional de 1988**. Disponível em: <http://www.planalto.gov.br/ccivil_03/constituicao/constituicao.htm>. Acesso em 8 de abril de 2020.

2 BRASIL. Lei Federal n. 9.394, de 20 de dezembro de 1996. Estabelece as diretrizes e bases da educação nacional. Artigo 1º, parágrafo 2º. **Diário Oficial da União:** Brasília, DF, seção 1, n. 248, 23 dez. 1996. Disponível em: <http://portal.mec.gov.br/seesp/arquivos/pdf/lei9394_ldbn1.pdf>. Acesso em: 8 abr. 2020.

3 BRASIL. Ministério da Educação e do Desporto. Secretaria de Educação Fundamental. **Parâmetros curriculares nacionais: apresentação dos temas transversais, ética.** Brasília: MEC/SEF, 1997. Disponível em: <http://portal.mec.gov.br/seb/arquivos/pdf/livro081.pdf>. Acesso em: 8 abr. 2020.

4 BRASIL. Lei Federal n. 13.415, de 16 de fevereiro de 2017. Altera as Leis n º 9.394, de 20 de dezembro de 1996, que estabelece as diretrizes e bases da educação nacional, e 11.494, de 20 de junho 2007, que regulamenta o Fundo de Manutenção e Desenvolvimento da Educação Básica e de Valorização dos Profissionais da Educação, a Consolidação das Leis do Trabalho - CLT, aprovada pelo Decreto-Lei nº 5.452, de 1º de maio de 1943, e o Decreto-Lei nº 236, de 28 de fevereiro de 1967; revoga a Lei nº 11.161, de 5 de agosto de 2005; e institui a Política de Fomento à Implementação de Escolas de Ensino Médio em Tempo Integral. **Diário Oficial da União:** Brasília, DF. Disponível em: <http://www.planalto.gov.br/ccivil_03/_Ato2015-2018/2017/Lei/L13415.htm>. Acesso em 8 de abril de 2020.

De acordo com essa lei, o currículo do Ensino Médio será inicialmente dedicado 60% às aprendizagens previstas na BNCC e 40% a cinco Itinerários Formativos, sendo que quatro deles estão associados às Áreas de Conhecimento, ou seja, a Linguagens, Matemática, Ciências da Natureza e Ciências Humanas e Sociais Aplicadas, e o quinto é voltado para a Formação Técnica e Profissional. A proporção total dedicada à BNCC, prevista para 1.800 horas, será ainda menor do que 60% quando, futuramente, a carga horária anual do Ensino Médio de três anos alcançar as previstas 1.400 horas. A lei também estabelece que no primeiro ano letivo subsequente à homologação da BNCC, portanto a partir de dezembro de 2019, as redes públicas e privadas de ensino deverão estabelecer seu programa de implementação do novo Ensino Médio, que deve ser efetivado a partir do segundo semestre subsequente, isto é, a partir do final de 2020.

Os Itinerários Formativos são unidades curriculares voltadas a aprofundar conhecimentos e preparar os jovens para o prosseguimento de estudos ou para o mundo do trabalho, podendo ser organizados por área do conhecimento ou por formação técnica e profissional, eventualmente cursados de maneira concomitante ou sequencial. A relação entre as Competências e as Habilidades da BNCC e a formação nos cinco Itinerários é orientada pelos quatro Eixos Estruturantes: Investigação Científica, Processos Criativos, Intervenção Sociocultural e Empreendedorismo.

Também preconiza a nova lei que uma formação integral envolva a construção de Projeto de Vida pelos estudantes, em que os jovens se posicionarão relativamente a seu futuro e na escolha de seus Itinerários.

Isso aponta a conveniência de ter tal meta associada a uma disciplina, eventualmente ao lado de eletivas oferecidas de acordo com o interesse dos estudantes.

Dependendo das características e de seus contextos sociais e econômicos, sistemas e escolas terão razoável liberdade para estabelecer de formas próprias sua organização curricular, com ajustes nos currículos que já praticam e na oferta de Itinerários. Chama a atenção a flexibilidade dada às escolas para propostas diversificadas e, muito especialmente, a garantia de atendimento às escolhas e propensões dos estudantes, de quem se espera crescente protagonismo. Isso tudo corresponde à tentativa de resposta a grandes transformações que desafiam as sociedades a repensarem suas propostas educacionais, como se verá a seguir.

1.2 Impacto Educacional de Transformações Mundiais

Nas últimas décadas, transformações em escala mundial têm se aprofundado e acelerado tão rapidamente que é um desafio programar qualquer atividade, como as da educação, que demande alguma previsão em médio prazo, especialmente para etapas conclusivas da Educação Básica, que pretendem orientar jovens para se situar e se projetar no mundo. Essa incerteza está presente em praticamente todos os setores da vida contemporânea, da economia à política, das relações sociais às relações de trabalho, das comunicações ao meio ambiente, e para atuar em qualquer desses setores é necessária formação educacional.

Em função dessas transformações, a educação também vive correspondente metamorfose para fazer face a mudanças nos objetivos a que serve, como a profissionalização para ocupações cada vez mais efêmeras, seja nos recursos de que se valem, como os de informação e comunicação, que se renovam a cada ano, seja na modalidade que praticam, como presencial e a distância. E se há uma etapa particularmente impactada esta é a do Ensino Médio, pois é quando que se dá a elaboração de projetos de vida, assim como a passagem para vivências acadêmicas ou produtivas, ambas especialmente sensíveis às transformações.

Para ilustrar isso, dando atenção a um desses aspectos, no caso o da opção profissional, a automação praticamente eliminou milhões de postos de trabalho industriais, assim como o emprego de sistemas, com a informatização e a inteligência artificial, está eliminando outros tantos milhões dos serviços e do comércio. E essa substituição da força de trabalho humano vem se acelerando, envolvendo a transformação de profissões, o surgimento de novas delas e a eliminação de outras. Assim, sem ideia clara de que profissões ainda existirão em médio prazo ou de quais qualificações serão necessárias para exercê-las quando os atuais estudantes estiverem formados, esta vira uma difícil questão para sistemas escolares lidarem e também para jovens planejarem seu futuro.

Outra modificação que tem sido acelerada se refere aos recursos para a educação, com as modernas tecnologias de informação e comunicação dando acesso imediato a todo um mundo de informações, ou seja, a qualquer dado social, cultural ou científico, com tradução instantânea à língua que se desejar, substituindo, portanto, todo dicionário e toda enciclopédia. Cada vez mais estudantes dispõem de celulares associados a essas tecnologias, condição que parece mais generalizada a cada ano. Esta evolução naturalmente supera qualquer intenção de a escola meramente informar os jovens, assim convidando-a a fazer amplo uso educativo de novos tipos de busca e troca de informações.

É sob essa perspectiva, de reconhecer o desafio e procurar enfrentá-lo, que se pode compreender a variedade de opções abertas no novo Ensino Médio. Como será visto a seguir, mesmo que seja garantida grande liberdade a escolas para montar sua organização curricular, elas estão sendo igualmente desafiadas a promover a variedade de ofertas. Não é coisa simples sair de uma rotina definida de componentes curriculares e passar a dar aos estudantes oportunidades de escolha, o que também implica orientá-los nesse sentido, fazendo-os responder a suas propensões e pretensões, ou seja, incentivá-los a elaborar seus projetos de vida.

1.3 Implementação do Novo Ensino Médio por Sistemas e Escolas

A BNCC é a base nacional para a elaboração de currículos, sendo função de escolas e sistemas escolares formular seus currículos e a maneira pela qual eles serão cumpridos, com regimentos e projetos pedagógicos que concretizem os objetivos formativos de cada etapa escolar. Isso já era uma realidade para as orientações relativas ao Ensino Fundamental, mas no que se refere ao Ensino Médio amplia-se a liberdade e a responsabilidade de sistemas e escolas, por razões que podem ser a seguir claramente explicitadas.

Como já foi dito, para essa etapa conclusiva da Educação Básica pretende-se oferecer não somente o prescrito pela BNCC, relativamente às quatro Áreas de Conhecimento, mas também desenvolver cinco Itinerários Formativos, fazendo uso dos quatro Eixos Estruturantes. E não se trata de prescrição estrita, pois as escolas deverão atender a essas recomendações ambientando-as a suas especificidades. Esses elementos serão detalhados mais à frente neste texto, mas sistemas escolares e escolas estão orientados a:

1. oferecer os componentes das Áreas de Conhecimento e os Itinerários Formativos, adequando-os a seu entorno social e cultural, assim como às demandas estudantis;

2. orientar seus estudantes quanto às escolhas de sua trajetória escolar, em função de suas preferências e propensões, coordenadas com a concepção e elaboração de seus projetos de vida;

3. preparar sua equipe pedagógica para atuar em conformidade com os objetivos formativos dos componentes curriculares, escolhendo as atividades de que se encarregarão e promovendo sua articulação interdisciplinar;

4. escolher ou desenvolver materiais instrucionais e demais recursos didáticos apropriados à nova orientação curricular, ou seja, que promovam aprendizagem ativa e participativa;

5. desenvolver procedimentos de avaliação em processo, compatíveis com o aprendizado promovido em atividades prescritas nas Habilidades e voltadas ao desenvolvimento de Competências.

As escolas e seus sistemas, que tiveram um ano para adequar seu currículo, terão ainda um ano para implementar o Novo Ensino Médio – mas um ano é prazo relativamente exíguo, que lhes demandará intensa mobilização. Com a consciência dessa urgência, entidades como o Conselho Nacional de Secretários Estaduais de Educação (CONSED) têm oferecido orientações, como o "Guia das Regulamentações para Currículo e Implementação do Novo Ensino Médio"[5], Lei Complementar[6], as "Recomendações e Orientações para Elaboração e Arquitetura Curricular dos Itinerários Formativos"[7] e "Como Implementar o Novo Ensino Médio no meu Estado?"[8].

---

5 Guia das Regulamentações para Currículo e Implementação do Novo Ensino Médio. Disponível em: <http://bit.ly/39jIjVr>. Acesso em 8 de abril de 2020.

6 BRASIL. Lei Federal n. 13.415, de 16 de fevereiro de 2017. Altera as Leis n º 9.394, de 20 de dezembro de 1996, que estabelece as diretrizes e bases da educação nacional, e 11.494, de 20 de junho 2007, que regulamenta o Fundo de Manutenção e Desenvolvimento da Educação Básica e de Valorização dos Profissionais da Educação, a Consolidação das Leis do Trabalho - CLT, aprovada pelo Decreto-Lei nº 5.452, de 1º de maio de 1943, e o Decreto-Lei nº 236, de 28 de fevereiro de 1967; revoga a Lei nº 11.161, de 5 de agosto de 2005; e institui a Política de Fomento à Implementação de Escolas de Ensino Médio em Tempo Integral. **Diário Oficial da União:** Brasília, DF. Disponível em: <http://www.planalto.gov.br/ccivil_03/_Ato2015-2018/2017/Lei/L13415.htm>. Acesso em 8 de abril de 2020.

7 Recomendações e Orientações para Elaboração e Arquitetura Curricular dos Itinerários Formativos. Disponível em: <http:/bit.ly/2uoFwdq>. Acesso em 8 de abril de 2020

8 Como Implementar o Novo Ensino Médio no meu Estado?; <http:/bit.ly/3bgdvp7>. Acesso em 8 de abril de 2020.

Fica claro, portanto, que as responsabilidades da escola não são unicamente aquelas pautadas pela sabendo BNCC, que, em futuro próximo, podem dispor de menos tempo do que o dedicado aos Itinerários Formativos previstos pela nova lei. Particularmente nova é a perspectiva de promover mais protagonismo dos estudantes e, além de garantir o cumprimento do que prescreve a BNCC, lhes possibilitar e estimular a conceberem e buscarem sua trajetória pessoal. Isso começa, como será visto a seguir, pelo estabelecimento de currículos escolares pautados nas Áreas da própria BNCC, complementadas, como será mostrado mais adiante, pelos Itinerários, sob orientação de Eixos Estruturantes com as ênfases de Investigação Científica, Processos Criativos, Intervenção Sociocultural e Empreendedorismo. Sendo isso tudo muito novo, por certo dará margem a diferentes implementações.

1.4 Competências da Base Nacional Comum Curricular e o Ensino Médio

O que se agrega com a nova lei às intenções formativas no Ensino Médio não implica, em nenhuma medida, qualquer diminuição no que a BNCC especifica em termos de suas Competências Gerais, que são direitos fundamentais a serem garantidos a todos os estudantes ao longo de sua Educação Básica. As Competências envolvem a mobilização de conhecimentos e valores nas denominadas Habilidades, de caráter cognitivo, prático e socioemocional, correspondendo à ideia de educação integral, que se realiza ao longo da vida escolar. Essas dez expectativas podem ser formuladas nos mesmos termos da "*BNCC de Bolso*"[9], publicação

---

9   MENEZES, Luís Carlos de. **BNCC de Bolso**. São Paulo: Editora do Brasil, 2018.

recente da Editora do Brasil que trata da Educação Infantil e do Ensino Fundamental, pois são as mesmas Competências que presidem toda a Educação Básica, sinteticamente descritas a seguir.

1. Compreender e explicar a realidade natural e social, a partir dos conhecimentos adquiridos, colaborando para solidariedade e justiça.

2. Investigar, refletir e formular hipóteses, com critérios científicos e tecnológicos, para formular e resolver questões.

3. Valorizar e fruir a produção cultural e artística em toda sua diversidade e tomar parte ativa em atividades dessa área.

4. Empregar linguagens verbais, escritas e digitais para se expressar e comunicar, fazendo uso do seu idioma e de linguagens artísticas, científicas e matemáticas.

5. Utilizar tecnologias de informação para comunicação participativa e crítica, de modo a promover protagonismo individual e coletivo.

6. Compreender relações sociais e do mundo do trabalho, para o exercício da liberdade com responsabilidade, e para elaborar projetos de vida.

7. Argumentar de maneira informada e ponderada, defendendo ideias e pontos de vista de maneira responsável e ética.

8. Conhecer-se e cuidar-se física e emocionalmente, reconhecendo os próprios sentimentos e dos demais, com consideração e autocrítica.

9. Promover diálogo e vínculos afetivos, com respeito próprio e recíproco, com apreço e sem preconceito diante da diversidade humana.

10. Agir com reponsabilidade, flexibilidade e autonomia, com princípios éticos e democráticos, na tomada de decisões individuais e coletivas.

Essas Competências são desenvolvidas na escola em todos os componentes curriculares e nas Habilidades de sentido prático, cultural e ético, desde a Educação Infantil, passando pelo Ensino Fundamental e se completando no Ensino Médio, que, organizado em Áreas de Conhecimento, também conta com Competências Específicas voltadas para cada uma dessas áreas. Quando as dez Competências Gerais foram estabelecidas, ainda não havia sido definida a BNCC para o Ensino Médio, nem a lei que altera a LDB para essa etapa. Portanto, o cumprimento das suas expectativas já deve se dar nas Áreas de Conhecimento, independentemente do que se desenvolverá nos novos Itinerários.

Vale observar que, diferentemente da BNCC voltada para os anos finais da Educação Fundamental, em que há Competências e Habilidades Específicas voltadas para os diferentes Componentes Curriculares, na BNCC para o Ensino Médio não há sequer separação desses Componentes, pois estão integrados em suas Áreas sem distinção disciplinar. Assim, enquanto não houver uma possível formação inicial de professores por Área de Conhecimento, a implementação da BNCC para o Ensino Médio demandará mais articulação dos trabalhos entre os professores de cada Área, e seria recomendável algum esforço de formação continuada realizada no contexto escolar.

2 BNCC e Áreas de Conhecimento no Ensino Médio

A estrutura proposta para o Novo Ensino Médio precisa ser compreendida levando-se em conta a flexibilidade pretendida para seu cumprimento, ou seja, não se espera dos estudantes que percorram todas as possibilidades, e sim que escolham suas trajetórias e alternativas individuais. Assim, as Áreas do Ensino Médio na BNCC, detalhadas a seguir, são a parte da estrutura curricular de Formação Geral cumprida totalmente pelos estudantes, sendo complementada pelos Itinerários Formativos, de acordo com as opções escolhidas individualmente pelos jovens.

2.1 A BNCC na Nova Organização do Ensino Médio

Diferentemente da Educação Infantil ou do Ensino Fundamental, em que a BNCC é realmente base para todo o currículo, vê-se que no Ensino Médio a BNCC é somente uma parte dele, ao lado dos chamados Itinerários, cujos percursos envolvem expressivo poder de opção pelos estudantes. O organograma apresentado (veja "Tabela 2.1.1" na página 25) é um quadro de componentes a ser observado considerando a diversidade de possibilidades abertas pela nova lei e aventadas nos documentos de orientação disponibilizados pelo CONSED, já mencionados.

Especialmente o "Guia das Regulamentações para Currículo e Implementação do Novo Ensino Médio" e as "Recomendações e Orientações para Elaboração e Arquitetura Curricular dos Itinerários Formativos", já citados, sugerem disciplinas eletivas e de Projeto de Vida tanto para escolas regulares, que ofereçam um total de 3.000 horas, como para as escolas de tempo integral, de 5.400 horas. Tais componentes já estão sinalizados no Organograma, ainda que não impostos pela Lei nº 13.415, por promoverem a orientação das escolhas dos estudantes, isto sim previsto por lei.

Não se deve tomar esse organograma como uma sequência temporal, que primeiramente cumpriria a Formação Geral e só depois eventuais complementos. A lei que passou a orientar essa etapa escolar não especifica qualquer sequência, assegurando uma variedade de possibilidades para organizar e ofertar os componentes curriculares e até mesmo definir que os Itinerários só sejam cumpridos depois da BNCC. No entanto, as já citadas Recomendações do CONSED sugerem que sejam cursados de maneira concomitante, tendo no primeiro ano um tempo maior dedicado à Formação Geral da BNCC e deixando crescer a proporção de tempo dedicado aos Itinerários nos demais anos.

A única prescrição de tempo comum para todas as alternativas é a BNCC sempre envolver um total de 1.800 horas. O conjunto de demais atividades envolvidas nos Itinerários, ou seja, as Eletivas, o Projeto de

Tabela 2.1.1

Formação Geral nas Áreas de Conhecimento

Competências de Linguagens	Competências de Matemática	Competências de Ciências da Natureza	Competências de Ciências Humanas e Sociais Aplicadas
Habilidades de Linguagens	Habilidades de Matemática	Habilidades de Ciências da Natureza	Habilidades de Ciências Humanas e Sociais Aplicadas
Campos e Habilidades de Língua Portuguesa			

Itinerários Formativos

Aprofundamento de Linguagens	Aprofundamento de Matemática	Aprofundamento de Ciências da Natureza	Aprofundamento de Ciências Humanas e Sociais Aplicadas	Aprendizagem Técnica e Profissional

Projeto de Vida

Eletivas

Atividades Integradoras

Vida, o Aprofundamento nas Áreas e as Atividades Integradoras, tomará 1.200 horas em escolas que oferecem 3.000 horas nos três anos e 3.600 horas em escolas de tempo integral e nas escolas técnicas, que ministram um total de 5.400 horas. A opção pelas Eletivas, que, de acordo com o CONSED, seriam parte dos Itinerários, dependerá do interesse manifestado pelos estudantes e de sua oferta nas escolas, enquanto o Projeto de Vida seria oferta necessária a todos os estudantes. Nas escolas públicas, a distribuição dos tempos e espaços para a Formação Geral, fundamentada na BNCC, e para os Itinerários com suas alternativas se dará sob orientação das Secretarias de Educação, como será detalhado mais adiante, no próximo capítulo.

Para trabalhar com o que se restringe à BNCC, é útil saber identificar a codificação das Habilidades em função da Etapa, das séries, da Área e das Competências. Essa codificação se inicia com Ensino Médio (**EM**), prossegue pelos três anos (**13**), segue com a identificação da Área (**LGG**, Linguagens; **LP**, Língua Portuguesa; **MAT**, Matemática; **CNT**, Ciências da Natureza; **CHS**, Ciências Humanas e Sociais Aplicadas) e se conclui com um número indicando sua posição na sequência, sendo o primeiro dígito correspondente à Competência Específica. Por exemplo, a primeira Habilidade descrita na BNCC do Ensino Médio é **EM13LGG101**, ou seja, a primeira Habilidade da primeira Competência Específica de Linguagens, enquanto a última Habilidade descrita na BNCC é a **EM13CHS605**, ou seja, a quinta Habilidade da sexta Competência Específica de Ciências Humanas e Sociais Aplicadas.

Como será mostrado, as Competências Específicas por Área de Conhecimento estão em conformidade com as Competências Gerais da BNCC, assim como as Habilidades Específicas deverão acompanhar tanto as Competências Específicas como as Competências Gerais.

Uma importante observação relativa à ideia de Progressão, que perpassa por toda a formulação da BNCC, é que a redução de carga horária de cada Área do Conhecimento é compensada pelo Aprofundamento por Área, que faz parte dos Itinerários Formativos. Efetivamente, todos os estudantes terão uma preparação comum oferecida pela BNCC em todas as Áreas, mas o Aprofundamento em uma ou mais Áreas será objeto de escolha para cada um deles, estabelecendo, assim, seu percurso básico de formação, além de liberdade de escolha pelas Eletivas. Essas escolhas também devem ser parte de sua conceituação de Projeto de Vida, como será visto no próximo capítulo.

2.2 A Área de Linguagens na BNCC do Ensino Médio

Esta Área no Ensino Médio incorpora os componentes Arte, Educação Física, Língua Inglesa e Língua Portuguesa, e suas Habilidades da Área são associadas a cada uma das Competências específicas da Área. Os componentes da Área têm características próprias, sendo que na Língua Portuguesa suas Habilidades são relacionadas a seus Campos e apresentadas à parte. Antes de tratar da particularidade da Língua Portuguesa com seus Campos, serão tratadas as sete Competências Específicas da Área e, em seguida, apresentados exemplos de Habilidades a elas associadas.

Entre as Competências Específicas sinteticamente enumeradas, algumas estão mais associadas a certos Componentes, como Arte e Educação Física, enquanto outras apontam para qualificações gerais da Área.

- A Competência 1 está centrada na compreensão das linguagens e práticas culturais e seu emprego na expressão e participação em diversos campos e mídias.

- A Competência 2 envolve práticas de linguagem em relações de poder e em respeito às diversidades e direitos, assim como na resolução de conflitos.

- A Competência 3 trata de linguagens na cooperação e no protagonismo ético e solidário, em associação à consciência socioambiental e promoção de direitos.

- A Competência 4 é voltada para a compreensão das línguas como fenômenos geopolíticos variados e heterogêneos, percebidas e respeitadas sem preconceito em sua diversidade.

- A Competência 5 é mais especificamente associada às práticas corporais, como expressão de valores e identidades.

- A Competência 6 se volta à apreciação estética das artes e da cultura, seja para sua fruição, seja para o exercício de protagonismo criativo e crítico.

- A Competência 7 envolve o universo digital em suas dimensões técnicas, étnicas e estéticas, promovendo práticas autorais e coletivas.

Essas Competências Específicas são qualificações amplas a serem desenvolvidas pelos estudantes, como formação conceitual e prática, e esse desenvolvimento se dará em atividades descritas pelas Habilidades. Com o critério de classificação já descrito, será fácil identificar a efetivação de cada Competência nas Habilidades sintetizadas a seguir.

- **EM13LGG103**, que trata da produção de textos visuais, verbais, sonoros e gestuais, é a terceira da Competência 1.

- **EM13LGG201**, que valoriza a diversidade de linguagens artísticas, corporais e verbais, é a primeira da Competência 2.

- **EM13LGG302**, que estimula o posicionamento crítico e compreensivo diante de diferentes visões de mundo, é a segunda da Competência 3.

- **EM13LGG403**, que propõe a Língua Inglesa como idioma de comunicação global, é a terceira da Competência 4.

- **EM13LGG502**, que estabelece posicionamento contrário a preconceitos e estereótipos em práticas corporais, é a segunda da Competência 5.

- **EM13LGG604**, que promove práticas artísticas como construção histórica relacionada à vida social e política, é a quarta da Competência 6.

- **EM13LGG702**, que avalia o impacto das tecnologias de informação e comunicação em práticas sociais, assim como seu uso crítico, é a segunda da Competência 7.

Nessa Área de Conhecimento de Linguagens, a Língua Portuguesa tem um tratamento especial estabelecido em Campos de Atuação Social em geral, assim como em Campos específicos como o da Vida Pessoal, o Artístico-literário, o de Estudo e Pesquisa, o Jornalístico- midiático e o da Vida Pública. Cada uma das Habilidades de Língua Portuguesa (LP), além de corresponder a um dado Campo, também procura corresponder a Competências Específicas da Área. Para dar uma visão sintética dessa organização, podem ser percorridos os Campos, ilustrando-os com um par de habilidades.

- "Todos os Campos de Atuação Social" corresponde a muitas Habilidades, voltadas a uma variedade de saberes que vão da produção de textos à análise linguística. Desde a **EM13LP01**, que propõe relacionar textos a sua condição de produção, até **EM13LP18**, que se refere a utilizar *softwares* na edição de textos, fotos e vídeos;

- O "Campo de Vida Pessoal" tem Habilidades que vão de **EM13LP19**, ou seja, da apresentação de si mesmo, por meio de diversos textos e ferramentas digitais, até **EM13LP22**, que visa à construção colaborativa de registros de trajetórias pessoais e profissionais;

- O "Campo de Atuação na Vida Pública" parte de Habilidades como **EM13LP23**, de análise crítica de discursos políticos, e vai até **EM13LP27**, buscando engajamento na solução de problemas de caráter coletivo;

- O "Campo das Práticas de Estudo e Pesquisa" começa com Habilidades como **EM13LP28**, que promove organização de situações de estudo e uso de procedimentos de leitura, indo até **EM13LP32**, que incentiva os jovens a selecionarem informações para pesquisa em diferentes fontes para sua comparação crítica;

- O "Campo Jornalístico-Midiático" começa com a Habilidade **EM13LP36**, de análise de interesses jornalísticos e dos impactos das novas tecnologias, e se conclui com **EM13LP245**, referente à produção de notícias de interesse local e global com o uso de diferentes recursos e mídias;

- O "Campo Artístico-Literário" vai de **EM13LP46**, logo, de compartilhar percepções de textos literários e exercícios de diálogos culturais, até **EM13LP54**, que analisa a criação de obras autorais em diferentes gêneros e mídias.

2.3 A Área de Matemática na BNCC do Ensino Médio

A um só tempo Área e Componente Curricular, a Matemática no Ensino Médio tem tradicionalmente sido apresentada em termos de seus Campos ou subcomponentes, como Álgebra ou Geometria, em vez de ser organizada em Competências Específicas. Por levar isso em conta, a BNCC apresenta a Matemática em ambas as formas de organização, associando Habilidades a cinco Competências Específicas e, em seguida, reunindo essas mesmas Habilidades em termos dos subcomponentes tradicionais.

- A **Competência 1** está centrada no uso de conceitos e procedimentos para interpretar situações cotidianas ou de caráter científico, tecnológico ou socioeconômico.

- A **Competência 2** envolve a mobilização de procedimentos e linguagens matemáticas para investigação e posicionamento ético diante de questões sociais ou tecnológicas.

- A **Competência 3** trata de estratégias e recursos matemáticos para construir modelos e resolver problemas, verificando resultados e construindo argumentações.

- A **Competência 4** envolve diferentes registros de representação, como os algébricos, estatísticos e geométricos, para resolver problemas e comunicar soluções.

- A **Competência 5** propõe conjecturas a respeito de conceitos e propriedades matemáticas, como padrões e experimentações, estratégias e recursos, verificando sua validação formal.

Essas Competências Específicas serão desenvolvidas pelos estudantes em atividades expressas nas Habilidades. Com o critério de classificação já descrito, mostra-se como cada Competência pode efetivar-se por meio das Habilidades sintetizadas a seguir.

- **EM13MAT104**, que trata da interpretação de taxas e índices socioeconômicos, investigando criticamente o cálculo desses números, é a quarta da Competência 1.

- **EM13MAT202**, sobre pesquisa amostral de dados de temáticas relevantes e sua comunicação com eventual emprego de tecnologias, é a segunda da Competência 2.

- **EM13MAT304**, que envolve funções exponenciais, por exemplo no tratamento de grandezas da Matemática Financeira, é a quarta da Competência 3.

- **EM13MAT401**, que propõe conversão de representações algébricas em representações geométricas, é a primeira da Competência 4.

- **EM13MAT503**, que trata da investigação de valores máximos e mínimos de funções, envolvendo, por exemplo, superfícies, finanças ou movimentos, é a terceira da Competência 5.

Em seguida, a BNCC classifica as mesmas Habilidades de acordo com os Campos da Matemática, de maneira que a **EM13MAT202**, sobre pesquisa amostral, estaria situada em Probabilidade e Estatística, a **EM13MAT304**, envolvendo funções exponenciais, se situaria em Números e Álgebra, e a **EM13MAT401**, propondo conversão de representações algébricas em representações geométricas, seria classificada em Geometria e Medidas ou também em Números e Álgebra.

2.4 A Área de Ciências da Natureza na BNCC do Ensino Médio

Essa Área está disposta pela BNCC no Ensino Médio com grande concisão, propondo organização temática que não explicita nem divide os campos disciplinares tradicionais desta etapa escolar, como Biologia, Física e Química, porque se orienta por novos sentidos conceituais e práticos, que de fato incorporam aquelas disciplinas e também outras, como Geologia e Astronomia, em termos de algumas Competências Específicas.

Entre as concentrações temáticas, Matéria e Energia reúne os campos disciplinares com intenção conceitual e prática no que se refere a propriedades dos materiais em diferentes circunstâncias, a processos e equipamentos de geração e utilização de energias, assim como a aspectos sociais e econômicos, como o das matrizes energéticas. Uma temática tratando Terra e Universo está mais associada à sistematização de visões de mundo, da constituição e evolução biológica e cósmica, mas também cobre assuntos de interesse social, como processos climáticos e sustentabilidade ambiental. Finalmente, há uma temática de caráter Científico-Tecnológico que tem sentido estritamente prático, de emprego de conhecimentos científico-tecnológicos no enfrentamento de problemas, assim como nas comunicações com emprego de linguagens científicas. Essas temáticas apresentam-se em três Competências Específicas que podem ser sintetizadas do modo a seguir.

- A Competência 1 trata de processos naturais tecnológicos, envolvendo relações entre matéria e energia, para propor o aperfeiçoamento de processos produtivos e minimizar impactos socioambientais.

- A Competência 2 envolve interpretações sobre as dinâmicas biológicas, geológicas e cosmológicas para pensar e argumentar sobre a evolução da vida e do universo, assim como tomar decisões éticas na relação entre vida social e meio ambiente.

- A Competência 3 propõe o emprego de conhecimentos, linguagens e recursos científico-tecnológicos para resolver problemas locais ou globais, assim como para comunicar a públicos variados resultados dos desenvolvimentos científicos.

Essas Competências Específicas serão desenvolvidas em atividades relacionadas às Habilidades, algumas de caráter geral, outras mais centradas em componentes curriculares específicos, ou seja, mais biológicas, físicas, químicas, geológicas ou astronômicas, como se poderá verificar nos exemplos sintetizados de Habilidades associadas a cada Competência a seguir.

- Associadas à Competência 1 estão, por exemplo, a **EM13CNT103**, que trata das utilidades e dos riscos no emprego das radiações, e a **EM13CNT105**, que analisa ciclos biogeoquímicos em fenômenos naturais e a interferência humana sobre eles.

- Associadas à Competência 2 estão, por exemplo, a **EM13CNT204**, que envolve de movimentos terrestres e espaciais com base em conhecimentos sobre a gravitação, e a **EM13CNT208**, que aplica princípios da teoria da evolução para analisar a origem e a diversificação dos humanos em sua interação com meios naturais.

- Associadas à Competência 3 estão, por exemplo, a **EM13CNT302**, que propõe a comunicação de resultados, análise e experimentos científicos para promover debates sobre seu sentido e sua relevância sociocultural e ambiental, e a **EM13CNT309**, que problematiza a dependência e o risco do emprego de recursos energéticos não renováveis e a necessidade da busca de alternativas.

2.5 A Área de Ciências Humanas e Sociais Aplicadas na BNCC do Ensino Médio

Também as Ciências Humanas e Sociais Aplicadas, na BNCC do Ensino Médio, não se organizam em termos das divisões disciplinares clássicas, de História, Geografia, Sociologia e Filosofia, cujas temáticas estão sim presentes, mas organizadas em outros termos mais gerais e articulados, que demandarão de escolas e de seus sistemas um esforço significativo para sua efetivação.

Tempo e Espaço, por exemplo, são categorias associadas que não se confinariam simplesmente à História e Geografia, envolvendo as culturas em cada região e, necessariamente, seus respectivos aspectos sociais. Indivíduo, Sociedade, Cultura e Ética, que abarca todas as Ciências Humanas e Sociais Aplicadas, da Economia à Filosofia, também exige um entrelaçar de saberes específicos. Política e Trabalho, das formas de organização do Estado às modalidades de relações produtivas, igualmente não prescindem de considerações filosóficas. Intenções como essas se apresentam na forma das seis Competências Específicas sinteticamente elencadas a seguir.

- A Competência 1 chama para compreensão e posicionamento relativos a processos políticos, econômicos, sociais e ambientais, a partir de procedimentos científicos e filosóficos.

- A Competência 2 pede que se analise a formação de territórios e fronteiras ao longo da história, considerando as relações de poder que determinam o papel dos Estados-nações.

- A Competência 3 convoca a avaliar a relação de povos e sociedades com a natureza, com seus impactos socioambientais, para promover consciência ética, incluindo a de consumo responsável.

- A Competência 4 discute as relações entre capital e trabalho em diferentes culturas para compreender seus papéis na construção e transformação das sociedades.

- A Competência 5 recomenda que injustiças, preconceitos e violências sejam identificados e combatidos para promover convívio ético, democrático e solidário, respeitando os Direitos Humanos.

- A Competência 6 propõe a participação no debate público, respeitando diferentes posições e sendo compatível com a busca de projetos de vida, com autonomia e responsabilidade.

Por certo, tais competências não são completamente independentes, no sentido de cada uma desenvolver um conjunto de conhecimentos, práticas e valores completamente distintos, o que é natural quando se trata de Ciências Humanas e Sociais Aplicadas. Ainda assim, sua formulação em separado reitera o conjunto de objetivos formativos dessa Área efetivados pelas Habilidades, nos exemplos selecionados e sintetizados a seguir.

- **EM13CHS104**, que recomenda a análise de vestígios da cultura material e imaterial de antigos povos para identificar seus valores e saberes, serve à Competência 1.

- **EM13CHS203**, que busca comparar significados de território e fronteira em diferentes sociedades, sem dualismos como entre civilização e barbárie, é relativo à Competência 2.

- **EM13CHS302**, que procura avaliar os impactos de cadeias produtivas na exploração de recursos naturais, considerando também sua relação com a sustentabilidade, é pertinente à Competência 3.

- **EM13CHS401**, que propõe análises de mudanças nas formas e relações de trabalho em função de transformações tecnológicas, corresponde aos objetivos da Competência 4.

- **EM13CHS501**, que busca identificar e combater eticamente violências de todo tipo, com suas causas e vítimas ou seus usos e agentes, é própria da Competência 5.

- **EM13CHS601**, que estabelece, em diversos âmbitos, a defesa da democracia em face a paternalismos, populismos e autoritarismos, concretiza a Competência 6.

3 Itinerários Formativos no Ensino Médio

Os Itinerários são a parte do Ensino Médio que corresponde à flexibilização dessa etapa de ensino ao mobilizar estudantes a conceberem seu percurso formativo em função de suas propensões e possibilidades, garantindo-lhes, assim, exercer uma escolha que antes não era propiciada. Como já foi observado, a lei que preside o novo Ensino Médio não prescreve uma sequência fixa para o ordenamento entre Formação Geral, correspondente à BNCC, e a complementação correspondente aos Itinerários Formativos. Para se definir tal ordenamento é preciso considerar que a passagem da Formação Geral para a flexível optativa não deveria ser abrupta, mas sim precedida de orientação aos estudantes, o que deve ser considerado na distribuição entre BNCC e Itinerários ao longo dos três anos.

A lei atribui 1.800 horas à BNCC e 1.200 aos Itinerários para escolas com carga horária anual de 1.000 horas. Já para escolas de tempo integral ou escolas técnicas, em que a carga horária anual é de 1.800 horas, a BNCC dispõe de 1.800 horas, enquanto os Itinerários chegam a ocupar 3.600 horas. Prevê-se que em futuro próximo todas as escolas tenham sua carga horária ampliada. No exercício apresentado a seguir, a intenção será sempre dar oportunidade aos estudantes de se preparar para escolher suas opções, qualquer que seja a modalidade.

3.1 O Tempo da Formação Geral e dos Itinerários

Na proposta do novo Ensino Médio, todos os estudantes cursam as quatro Áreas de Conhecimento no nível provido pela BNCC, ao que se acrescenta parte expressiva de currículo que transcende essa Formação Geral e várias alternativas para atender às escolhas dos estudantes, que são os Itinerários. Entre esses Itinerários, os Aprofundamentos nas Áreas de Conhecimento poderiam ser possivelmente tomados como complementação conceitual e prática da Formação Geral para pretendentes a alguma continuidade acadêmica, ao passo que a Formação Técnica e Profissional poderia ser tomada como iniciação para o trabalho ou preparatória para correspondente especialização.

A opção por Aprofundamentos ou Formação Técnica e Profissional já é um exercício de escolha para o qual os estudantes precisariam ser orientados, razão pela qual não faria sentido essas alternativas serem oferecidas paralelamente às Áreas da BNCC desde o início do curso. Por isso, ao laDo do tempo dedicado à BNCC, uma recomendação natural para o primeiro ano do Ensino Médio seria a oferta de componentes preparatórios para as opções, como Projeto de Vida e Eletivas, mas ainda não os Aprofundamentos. Nos anos seguintes, já poderiam ser oferecidas as alternativas, desde que compatíveis com a carga horária anual e somando, ao longo dos três anos, 1.200 horas para um dos conjuntos de escolas ou 3.600 horas para o outro conjunto.

Nas já mencionadas recomendações do CONSED, que, como já se disse, não são obrigatórias, ainda que importantes, há uma grande variedade de configurações de distribuição do tempo entre os componentes, tanto para o Ensino Médio de 3.000 horas como para o de 5.400 horas, sugerindo diferentes objetivos para as Eletivas, dependendo, por exemplo, de estarem ao lado de Aprofundamento das Áreas ou de Formação Técnica e Profissional. As alternativas de Aprofundamento, Profissionalização e Eletivas a serem oferecidas, assim como o tempo dedicado a cada uma delas, dependerão da escola e de um conjunto de circunstâncias muito variáveis como regulamentações de Secretarias de Educação, vocação econômica e ambiental regional, preferências dos estudantes ou proximidade com escolas técnicas.

Redes ou sistemas escolares poderão, se desejarem, combinar Itinerários de Aprofundamento cuja composição eventualmente atenda a diferentes vocações, como "Ciências da Natureza e Matemática", "Linguagens e Ciências Humanas", ou todas as demais combinações, sendo que sua realização se daria com a correspondente cooperação de diferentes professores.

O organograma a seguir (veja "Gráfico 3.1.1 – Distribuição de Cargas Horárias entre BNCC e Itinerários" na página 43) **apresenta disposição geral na dotação de tempo para cada componente em cada ano do Ensino Médio. As setas indicam que a proporção atribuída a cada um pode variar entre diferentes escolas e sistemas escolares, desde que somem 1.000 horas ou 1.800 horas anuais, dependendo do tipo de escola, e que respeitem as cargas horárias estabelecidas por lei entre Formação Geral e Itinerários.**

Como já observado, a coluna da direita é não impositiva na forma de componentes curriculares, ainda que a lei explicite uma construção de Projeto de Vida pelos estudantes.

No caso de Escolas Técnicas, o Aperfeiçoamento por Área dá lugar à Aprendizagem Profissional, e mesmo em escolas regulares os Aperfeiçoamentos por Área podem ser combinados com preparo técnico-profissional voltado para estudantes que tenham feito tal opção, e com alternativas que serão aventadas em seguida. As Atividades Integradoras seriam dirigidas somente para escolas técnicas ou de tempo integral, nas quais haveria condições para o envolvimento dos estudantes em projetos que fizessem ponte e abrissem perspectivas de experimentação do que seria sua trajetória pós-escolar.

3.2 A Concepção dos Itinerários com os Eixos Estruturantes

Como se viu, pela nova lei os Itinerários são constituídos pelos Aprofundamentos nas Áreas de Conhecimento e pela Formação Técnica e Profissional. Esses componentes são precedidos e em parte emparelhados com as Áreas de Conhecimento desenvolvidas na BNCC, de modo que são complementares à formação pretendida no Ensino Médio. O que se espera é estabelecer critérios e procedimentos para conceber os Itinerários, tendo-se em vista o que já terá sido desenvolvido na Formação Geral. Há para isso os denominados Eixos Estruturantes, um conjunto de orientações que podem ser bastante significativas, encontradas e definidas pelos "Referenciais Curriculares para Elaboração dos

Gráfico 3.1.1 – Distribuição de Cargas Horárias entre BNCC e Itinerários

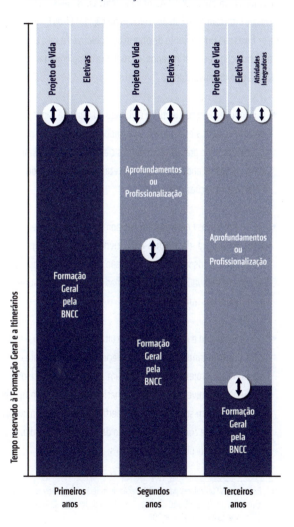

Itinerários Formativos"[10]. Os Aprofundamentos nas Áreas e a Formação Técnica e Profissional se estabelecem em função dos Eixos Estruturantes. Esses Eixos são um conjunto de princípios e objetivos para a concepção e a elaboração desses Itinerários, de maneira complementar ao que a BNCC já terá desenvolvido.

- O Eixo Investigação Científica é voltado a ampliar a capacidade de investigação dos estudantes, aplicando o conhecimento por meio da realização de práticas e produções científicas, aprofundando conceitos e qualificando-os para interpretar fenômenos e processos e enfrentar situações problemáticas;

- O Eixo Processos Criativos pretende aprofundar conhecimentos das artes, da cultura, das mídias e das ciências aplicadas para utilizá-los em processos voltados à expressão criativa e/ou à construção de soluções inovadoras para problemas identificados na sociedade e no mundo do trabalho;

- O Eixo Mediação e Intervenção Sociocultural busca ampliar a capacidade dos estudantes de utilizar conhecimentos de diferentes áreas para realizar projetos que contribuam com a sociedade e o meio ambiente, em nível local, regional, nacional e global, e compreender como podem ser utilizados no aperfeiçoamento da convivência, na mediação de conflitos e promoção de entendimentos diante de problemas socioculturais e ambientais;

---

10 Referenciais Curriculares para a Elaboração de Itinerários Formativos. Disponível em: <http://novoensinomedio.mec.gov.br/resources/downloads/pdf/DCEIF.pdf>. Acesso em 8 de abril de 2020.

- O Eixo Empreendedorismo visa qualificar os estudantes para mobilizar conhecimentos de diferentes áreas a fim de empreender projetos pessoais ou produtivos, aprofundando conhecimentos relacionados ao mundo do trabalho e à gestão de iniciativas, com seus impactos na sociedade e no meio ambiente, e ampliando habilidades para o autoconhecimento, o empreendedorismo e o projeto de vida.

Tanto os Aprofundamentos quanto a Formação Profissional, todos os Itinerários enfim, podem se beneficiar das proposições desse Eixos Estruturantes para sua conceituação, ainda que o caráter de complementação acadêmica dos Aprofundamentos das Áreas possa parecer estar mais servido pelo primeiro Eixo, ao passo que o de Formação Profissional pareça estar mais contemplado pelo Eixo Empreendedorismo. Aliás, especialmente a opção Técnico-profissional deve incorporar elementos de todos os Eixos.

Na realidade, as Competências Gerais da BNCC, que se expressam em suas Habilidades, são subsidiárias para todos os Itinerários Formativos, assim como os Eixos Estruturantes corroboram a concepção dos Itinerários. Fazem parte do aperfeiçoamento das áreas assim como da preparação para o trabalho, o emprego criativo do conhecimento na concepção de experimentos, modelos e protótipos, no enfrentamento de demandas e problemas, a mediação e promoção de entendimento na solução de problemas comunitários, assim como a mobilização de conhecimentos e tecnologias para desenvolver novos produtos e serviços.

Assim, é questão de ênfase a contribuição dos Eixos Estruturantes para os Aprofundamentos, que complementariam a BNCC do Ensino Médio, ou para a Formação Técnica e Profissional. Para os Aperfeiçoamentos, cursados por estudantes interessados nas Áreas correspondentes, seriam necessários dois cuidados, o do suprimento do que na BNCC tenha sido tratado com menor profundidade e o da iniciação a práticas de investigação que caracterizarão sua eventual continuidade acadêmica ou carreiras correlatas.

Para a Formação Técnica e Profissional, escolhida por estudantes pretendendo mais rápida inserção no mundo do trabalho, nem sempre a escola terá condições de oferecer todas as modalidades do seu interesse, o que demandará parceria com instituições de ensino profissionalizante, por exemplo escolas técnicas. As modalidades dessa formação são as previstas no Catálogo Nacional de Cursos Técnicos, ou mesmo exceções quando autorizadas pelos Conselhos Estaduais de Educação. Para a condução desses cursos, a lei prevê a contratação de profissionais com notório saber na especialidade correspondente, assim como faculta o estabelecimento de cooperações educacionais a distância com comprovadas qualificações.

3.3 Projeto de Vida e Definição de Eletivas ou de Estágios

Se houver acordo com o que foi sugerido, de que no primeiro ano todos os estudantes cursarão os mesmos componentes curriculares e a partir do segundo farão escolhas de trajeto escolar, especial atenção deve ser dada ao componente Projeto de Vida, a fim de oferecer aos estudantes elementos para fazer as escolhas relativas aos anos seguintes.

Partindo dessa compreensão, pode-se conceber diferentes focos para cada etapa: no primeiro ano, a ênfase poderia estar no autoconhecimento, envolvendo características pessoais, preferências e condições; no segundo ano, a ênfase seria o descortinar de alternativas de vida e trabalho diante de um mundo em rápida transformação; no terceiro ano, a ênfase seria um posicionamento sobre que rumos escolher, considerando as próprias potencialidades e possibilidades, ao lado da disposição para enfrentar os desafios de cada escolha.

Tão importante quanto a definição dos objetivos de cada ano é o modo com o qual se conduzirá essas buscas pessoais. Cada estudante precisa sentir-se no centro do questionamento para se conhecer, se posicionar e decidir, estando à vontade para falar, ouvir, concordar e discordar, comparar diferentes atitudes, investigar alternativas, avaliar riscos e custos, assim como manifestar suas percepções. Para tanto, é essencial o caráter dialógico e participativo, com contínuo estímulo à livre autoria, para que os jovens façam registros pessoais, com a tranquilidade de quem tem três anos para isso.

As Eletivas, como diz sua denominação, seriam ofertadas atendendo a interesses manifestados pelos estudantes à medida que o curso avançasse, sendo que no início do curso poderiam ser uma variedade de temáticas relacionadas a Áreas de Conhecimento, como oficinas de teatro, dispositivos e sistemas, estatísticas sociais ou finanças familiares. Especialmente a partir do segundo ano, com base em levantamento de interesses e também inspiradas nos Eixos Estruturantes, elas podem estar mais proximamente afinadas com aquilo que for revelado em Projeto de Vida.

Não somente por seu caráter optativo, mas também por isso, um sentido quase lúdico de sua condução deveria levar as Eletivas a serem momentos desejados, de trabalho coletivo criativo, de inspiração para outras práticas extraescolares. Idealmente, os educadores encarregados por sua condução deveriam ser também vocacionados para suas temáticas. Por exemplo, uma professora de Matemática interessada em teatro ou em estatísticas, um professor de Geografia praticante de culinária ou turismo, ou uma coordenadora pedagógica ativa em diferentes redes sociais.

Especialmente em associação ao Itinerário Técnico Profissional, seja realizado na própria escola, seja em parceria com outras instituições, práticas de trabalho junto a setores produtivos ou de serviços estão previstas, o que eventualmente pode ter caráter de estágio formativo, atendendo à legislação que compete à aprendizagem profissional. Naturalmente, as vocações econômicas regionais poderão estimular as ofertas desses Itinerários, assim como a possibilidade de práticas formativas a eles associadas.

3.4 Aprendizagem na Ação e Avaliação em Processo

A orientação curricular dada pela BNCC é de aprendizagem ativa, para que currículos sejam efetivamente percursos de atividades de quem aprende. Tanto as Competências Gerais como as Específicas efetivam-se por meio de amplo conjunto de Habilidades, que são práticas exercidas individual ou coletivamente em sala de aula ou fora delas. Por isso, desde o primeiro ano do Ensino Médio se espera iniciativa dos estudantes, ou seja, que as exposições dos professores nas aulas não monopolizem o tempo e o espaço da aprendizagem, e sim estimulem iniciativas dos jovens e sua participação em projetos coletivos. Da mesma maneira, os Itinerários de Aprofundamento por Área e os Técnico-profissionais, além de corresponderem a escolhas dos estudantes, devem promover seu envolvimento e participação permanentes.

Educar com base na ação de quem aprende corresponde ao pensamento pedagógico desenvolvido ao longo do último século, mas a implantação dessa filosofia em grande parte de nossas escolas demandaria superar uma cultura escolar de pretensa "transmissão de conhecimentos" para estudantes perfilados e silenciosos. Esse é um dos desafios a serem enfrentados por sistemas e escolas para preparar equipes docentes que também atuem como mediadores de ações discentes. Ainda seria essencial selecionar espaços e recursos instrucionais apropriados à orientação curricular que promova aprendizagem ativa e participativa.

Esse posicionamento pedagógico demanda desenvolver procedimentos de avaliação compatíveis. Quando o aprendizado é promovido em projetos e demais atividades prescritas pelas Habilidades e voltadas para o desenvolvimento de Competências, é essencial que se promovam avaliações em processo, e não somente baseadas em provas escritas. Aliás, a própria lei que reorienta o Ensino Médio explicita "formas de avaliação processual e formativa", que não pretende substituir avaliações somativas ou certificadoras.

Também para isso será necessário correspondente preparação de educadores, pois avaliar Habilidades e Competências é bem mais complexo do que verificar retenção de conhecimentos. Quando um grupo de jovens conduz um projeto, sua avaliação pode ser própria ou externa, coletiva ou individual, e uma atribuição de nota não pode se resumir a contar itens certos e errados das respostas em teste de múltipla escolha. Por exemplo, quando uma Habilidade envolve, por exemplo, posicionamento diante de problemas reais e seu enfrentamento, empregando conhecimentos, ou a habilidade e disposição para trabalho em grupo, a avaliação implica acompanhamento de todo o processo.

De outra natureza é a questão das avaliações gerais, em especial o ENEM, que deveria ser mais voltado a verificar competências do que retenção de informações. Uma inspiração para isso poderá ser o "velho ENEM" de 5 competências, 21 habilidades e 3 níveis de dificuldade, cujas questões traziam em sua formulação dados úteis para sua resolução. Seria como uma prova de "múltipla escolha com consulta", e em lugar das 5 competências do ENEM estariam as dez da BNCC, e as habilidades seriam uma seleção das desta base. Mas é só uma cogitação para quando este problema for enfrentado.

4 Observações Finais para Escolas e Educadores

As inovações para a etapa conclusiva da Educação Básica precisam ser compreendidas como medidas para acompanhar mudanças na economia e na sociedade, sem as quais a juventude estará despreparada para a vida e para o trabalho. Contudo, assim como os estudantes devem ser apoiados para enfrentar um mundo que se modifica velozmente, escolas e educadores também precisam se preparar para isso, pois não se trata de repensar a escola para um conhecido mundo novo, e sim para um futuro imprevisível nas finalidades e nos meios para o trabalho. Ao lado dessas transformações nas finalidades da educação, sucedem-se rápidas inovações nos recursos para a educação, especialmente nas formas de informação e comunicação, os principais instrumentos nas relações entre pessoas e entre indivíduos e conhecimentos.

Não será imediata a plena implementação do novo Ensino Médio e serão múltiplas as formas que ela assumirá. Mesmo no prazo estabelecido para 2021, algumas escolas podem ainda se limitar ao mínimo neste primeiro ano, começando por simplesmente conduzir parte do previsto na BNCC, o que é facultado pela lei, e orientar estudantes para as escolhas de Itinerários nas próprias aulas das quatro Áreas. Também deverá incluir a formalização de currículos compatíveis com a BNCC, assim como a preparação dos Itinerários para o ano seguinte, a partir de consultas de interesse manifestadas pelos estudantes.

Idealmente, no entanto, escolas e sistemas escolares já deveriam formalizar desde cedo a verificação de interesses de estudantes, por exemplo em Projeto de Vida e Eletivas, ao lado da condução curricular pautada pela BNCC, como foi sugerido pelo CONSED e apoiado neste breve livro. Tais iniciativas possibilitariam avaliar a concentração das escolhas e a preparação da escola para atendê-las. E como o ano de 2020 terá dado oportunidade para adequação curricular também deverá envolver correspondente formação em serviço de educadores.

Em redes públicas e sistemas de escolas privadas, talvez se façam parcerias entre escolas próximas para que se possa atender ao conjunto das escolhas estudantis, especialmente com escolas técnicas para os Itinerários Técnicos e Profissionais. Na impossibilidade disso, a alternativa sinalizada por lei é estabelecer convênios com instituições qualificadas para ensino a distância, o que pode se mostrar inevitável, dada a variedade de possíveis carreiras almejáveis pelos estudantes. Por isso, é altamente recomendável que redes públicas se organizem para prover várias alternativas de Itinerários Técnicos e Profissionais a distância, enquanto escolas privadas e seus sistemas se organizarão autonomamente para isso.

As muitas formas pelas quais o novo Ensino Médio será posto em prática dependerá de condições sociais, econômicas e produtivas regionais, sendo diferentes para escolas únicas de municípios de área rural agrícola ou para grandes redes ao lado de grandes escolas em uma metrópole industrial. O que precisa ser garantido é a participação ativa de estudantes de qualquer região na escolha de sua trajetória educacional em função de sua perspectiva de vida e trabalho.

Como comentário conclusivo, é justo enfatizar que escolas e sistemas estão diante de situações ainda imprevistas, sendo desafiados como talvez nunca tenham sido. Ao mesmo tempo, o caráter relativamente aberto do que se propõe pode ser tomado como uma bela oportunidade para inovações, entre as quais a mais interessante é o envolvimento ativo dos jovens na determinação de seus percursos. Isso é claramente convergente com as perspectivas abertas e incertas do futuro da economia, das profissões e demais práticas sociais.

Conheça outros títulos da série

Adquira pelo site:

www.editoradobrasil.com.br

Central de Atendimento
E-mail: atendimento@editoradobrasil.com.br
Telefone: 0300 770 1055

Redes Sociais
facebook.com/editoradobrasil
youtube.com/editoradobrasil
instagram.com/editoradobrasil_oficial
twitter.com/editoradobrasil

Acompanhe também o Podcast Arco43!

Acesse em:

www.editoradobrasil.podbean.com

ou buscando por Arco43 no seu agregador ou player de áudio

Spotify · Google Podcasts · Apple Podcasts

www.editoradobrasil.com.br